LES
FICTIONS JURIDIQUES

PAR

Henri DUMÉRIL

(Extrait de la REVUE GÉNÉRALE DU DROIT)

PARIS

ERNEST THORIN, ÉDITEUR

Libraire du Collège de France, de l'École normale supérieure
des Écoles françaises d'Athènes et de Rome

7, RUE DE MÉDICIS, 7

1882

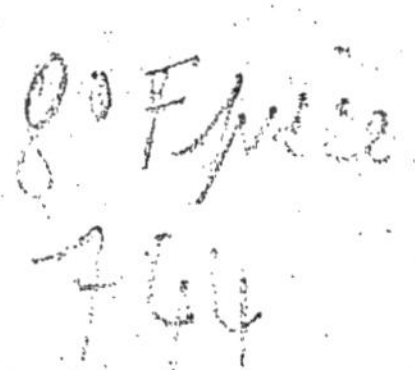

LES FICTIONS JURIDIQUES

Extrait de la *Revue générale du droit*.

TOULOUSE, IMPRIMERIE A. CHAUVIN ET FILS, RUE DES SALENQUES, 28.

LES

FICTIONS JURIDIQUES

PAR

Henri DUMÉRIL

(Extrait de la **REVUE GÉNÉRALE DU DROIT**)

PARIS

ERNEST THORIN, ÉDITEUR

**Libraire du Collège de France, de l'Ecole normale supérieure
des Écoles françaises d'Athènes et de Rome**

7, RUE DE MÉDICIS, 7

1882

LES

FICTIONS JURIDIQUES

LEUR CLASSIFICATION, LEURS ORIGINES

En matière de droit, on entend d'une manière large par *Fiction*, la supposition, contraire à la réalité, d'un fait ou d'une qualité, supposition destinée à produire certains effets juridiques (1). Quiconque a étudié, fût-ce d'une manière superficielle, la législation romaine, connaît le rôle considérable qu'y ont joué les fictions, surtout pendant la période du système formulaire. Mais le droit romain n'est pas le seul qui s'en soit servi : elles abondent dans le droit anglais (2); nous en retrouvons le nom jusque dans l'article 739 de notre Code civil qui définit la représentation une *fiction de la loi*. La fiction est donc en droit chose fort commune, si même elle n'est pas absolument nécessaire ; — et pourtant n'est-il pas bizarre que, pour arriver au règlement de difficultés parfaitement réelles, on soit forcé de recourir à des suppositions fausses et parfaitement connues pour telles ? Et qui, *à priori*, pourrait croire qu'à maintes époques, législateurs, magistrats, parties contractantes se soient faits à l'envi, pour les actes les plus graves, auteurs de romans ?

L'explication des fictions de droit, de même que la question de leurs origines, est des plus complexes. Il suffit d'en rappro-

---

(1) « FICTIO : Præsumtio ficticia. Accomodatio rei ad exemplum alterius. FICTICIUS : Ad instar alterius rei efformatus. » (Dirksen, *Manuale latinitatis fontium juris civilis Romanorum*, Berolini, 1837). M. Dupin, dans son *Vocabulaire des termes de droit*, définit la fiction : une *Supposition autorisée par la loi*. Ces derniers mots sont de trop, comme nous le verrons bientôt.

(2) Je me réfère surtout, dans le courant de cette étude, au droit anglais tel qu'il existait encore au commencement de ce siècle; depuis trente ou quarante ans, la vieille procédure anglaise a été bien simplifiée.

cher quelques-unes pour s'apercevoir qu'elles n'ont souvent entre elles, dans leurs caractères et dans leurs résultats, que des traits fort éloignés de ressemblance. Cela ne laisse pas que d'introduire dans l'étude de ce sujet quelque confusion. Certains auteurs, en effet, prennent le mot *fiction* dans un sens étendu, d'autres dans un sens plus restreint, souvent sans même essayer d'en donner une définition ; de là beaucoup de vague et d'incertitude. Je ne veux ici qu'indiquer, le plus brièvement qu'il me sera possible, les différentes classes entre lesquelles on peut distribuer les fictions juridiques et dire en même temps quelques mots de leurs origines probables. Je prends, bien entendu, pour commencer, cette expression dans son acception la plus compréhensive.

Tout d'abord, et sans qu'il soit besoin d'entrer fort avant dans l'étude des fictions, nous voyons qu'elles peuvent avoir pour but la représentation d'un objet purement matériel, ou n'avoir pas ce caractère. Quand le plaideur romain, sous le système des actions de la loi, apportait devant le tribunal une motte de terre, une tuile, quelques brins de laine, destinés à représenter son champ, sa maison ou son troupeau, il y avait évidemment fiction, fiction d'une nature spéciale, toute matérielle (1). Ce genre de fictions rentre dans la classe des symboles, et on ne peut le confondre avec ce qu'on peut appeler la fiction *intellectuelle*, comme celle, par exemple, déjà mentionnée par nous de la représentation en matière de succession.

Le symbole se retrouve dans la plupart des législations primitives ; il domine aux premiers temps de droit romain ; nous le voyons reparaître au moyen âge, doué d'une vie nouvelle (2). Il est dans les mœurs des nations à l'état d'enfance ; il satisfait leurs goût pour les choses visibles, pour les emblèmes. C'est à cette même époque, où un litige s'engage sur une motte de terre, où, dans la *manuum consertio*, les plaideurs feignent de chercher à conquérir par la force l'objet de leurs prétentions opposées, que nous voyons une lance figurer la propriété quiritaire. Chez les Germains, la *festuca* figure dans les actes les plus im-

---

(1) En Écosse, le vendeur d'une propriété remet un fragment de roche à l'acheteur (H. Spencer, *Intr. à la science sociale*, p. 117).

(2) Voy. Chassan, *Essai sur la symbolique du droit* (Paris, 1847, in-8).

portants. De ces symboles et de ces emblèmes, les uns se perdront assez vite, les autres subsisteront bien longtemps après que le souvenir de leur origine se sera effacé : pendant des siècles on continuera à faire figurer dans la mancipation des balances et un *libripens* qui n'y auront que faire. La plupart du temps la fiction matérielle tire son origine d'une exigence sérieuse de la loi ou de la coutume, exigence à laquelle on s'est scrupuleusement conformé à une époque antérieure. C'était sans doute dans le champ revendiqué lui-même que se jugeait la *rei vindicatio*, quand Rome n'était qu'un obscur village du Latium ; les lingots d'airain avaient été réellement pesés quand le métal monnayé était rare ou même inconnu. La raison d'être des formes avait disparu, mais les formes étaient restées les mêmes, non seulement parce que beaucoup d'entre elles satisfaisaient à cet appétit d'images commun à tous les hommes à demi barbares, mais souvent aussi parce qu'il s'y attachait une idée religieuse. Ai-je besoin de rappeler combien les religions tiennent en général aux formules, aux gestes sacramentels, aux rites extérieurs de toute sorte? Or, le droit romain primitif, les jurisconsultes nous l'attestent comme les historiens (1), fut tout entier livré aux pontifes. De là est peut-être venue en partie cette idée, avancée par quelques écrivains, que les fictions de droit ont eu une origine religieuse (2) : cette proposition, soutenue d'une façon absolue et sans distinction, est peu admissible, mais elle est vraie dans un certain nombre de cas, et surtout quand il s'agit de symboles.

Je passe maintenant à l'examen des fictions *intellectuelles*, qui, le plus souvent, reçoivent seules ce nom. Celles-ci elles-mêmes sont de natures fort diverses.

En premier lieu, elles peuvent être l'œuvre de la loi (*fictions légales*). Quand un Romain, prisonnier chez l'ennemi, mourait en captivité, la loi Cornélia le réputait mort au jour où il avait été pris (3). Les anciennes lois anglo-saxonnes assimilaient les proscrits à des loups que chacun pouvait tuer impu-

---

(1) Pomponius, l. 2, § 6 ; D., *De origine juris*, 1, 2 ; Chassan, *op. cit.*, p. 274.

(2) Voy. Demelius, *Die Rechtsfiktion* (Weimar, 1858, in-8). — « Die Fiktion des ius sacrum und die der Gesetze und Klagformeln sind in der Hauptsache Eins, » dit-il à la page 39.

(3) L. 18, 22, D., *De captivis*, 49, 15.

nément (1). La représentation successorale, la maxime que : *Nul n'est censé ignorer la loi*, etc., rentrent dans cette même classe des fictions légales. Celle-ci peut se subdiviser à son tour en trois sections distinctes :

1° Le législateur se sert d'une forme semblable pour dire, d'une façon plus brève, qu'il assimile le cas nouveau à un cas déjà prévu ; il rattache au droit antérieur une règle de droit nouvelle (2) ; il donne les mêmes droits à l'adopté ou à l'adrogé qu'à l'enfant légitime en déclarant qu'il sera réputé enfant légitime ; il ouvre la succession du mort civil comme s'il était réellement décédé ;

2° La loi établit une présomption, présomption qui, suivant les circonstances, admettra ou non la preuve contraire. L'effet de la maxime *Nemo censetur ignorare legem,* par exemple, ne pourra être détruit par l'auteur d'un crime ou d'un délit qui invoquerait l'excuse d'erreur ou d'ignorance ; en matière civile, l'erreur de droit pourra être alléguée. — De telles présomptions sont le plus souvent conformes à la réalité et n'ont qu'exceptionnellement le caractère de fictions. Ainsi les délinquants savent en général non seulement qu'ils violent les préceptes de la loi morale, mais encore des dispositions de la loi positive ; il serait pourtant téméraire d'affirmer qu'il en soit toujours ainsi. — Parfois pourtant le caractère de fiction domine. Ainsi des jurisconsultes anglais en sont arrivés à soutenir que, tout Anglais étant réputé assistant au Parlement dans la personne de ses délégués, les lois devaient être censées connues de tout le royaume aussitôt après leur approbation par les trois grands pouvoirs de l'Etat, sans qu'il fût besoin d'aucune promulgation.

---

(1) De là sans doute la légende du loup-garou. Voy. Ducange, v⁰ *Caput lupinum gerentes.* Le proscrit est appelé par la loi Salique et la loi Ripuaire **Vargus**, c'est-à-dire loup. Cf. Chassan, *op. cit.,* p. 39. Ce dernier auteur voit, dans cette disposition des lois barbares, un symbole ; il est vrai qu'il y a là une image des plus énergiques ; mais je préfère y voir une assimilation légale entre l'*outlaw* et la bête fauve ; de même, en droit romain, l'esclave n'était-il pas rangé dans la même classe que la bête de somme, *res mancipi?*

(2) R. von Jhering, *Esprit du droit romain dans les diverses phases de son développement,* trad. O. de Meulenaëre (Paris et Gand, 4 vol. in-8), t. IV, p. 296. Je ne sais pourquoi l'éminent auteur paraît ranger dans deux catégories différentes la fiction de la loi Cornélia et la fiction qui met l'adrogé à la place de l'enfant légitime ordinaire. N'y a-t-il pas assimilation dans le premier cas aussi bien que dans le second, assimilation de la captivité à la mort ? (Voy. t. IV, p. 294 et suiv.)

3° Enfin la loi peut donner un corps à une conception purement juridique en admettant à jouir de certains droits des êtres de raison qu'on nomme *personnes morales* ou *personnes juridiques*. Ainsi, en France, l'Etat, les départements, les communes, les sociétés commerciales ont une personnalité qui leur est propre, distincte de celles des membres qui les composent (1).

Ce court exposé justifie le législateur français qui a été assez vivement critiqué par quelques commentateurs pour avoir défini la représentation *une fiction de la loi*. « Le législateur, a-t-on dit, ne feint pas, il ordonne. » Cette critique est peu fondée. On attache souvent à l'expression de *fiction* une idée de détour, de faux-fuyant : assez fréquemment, nous le verrons, la fiction, dans le sens le plus restreint et le plus ordinaire du mot, a été imaginée pour éluder la loi ; il serait étrange que le législateur usât de pareils détours. Mais le terme *fiction* n'entraîne pas nécessairement avec lui cette idée : il veut dire simplement ici que la succession est distribuée comme si l'héritier prédécédé vivait encore, et cela pour corriger une injustice. La loi s'est épargnée par là l'obligation de répéter des détails longs et minutieux (2). C'est aussi une fiction légale, de la seconde espèce cette fois, que la maxime constitutionnelle : *Le Roi ne peut mal faire* (3). Mais j'ai

(1) Remarquons qu'à la rigueur on pourrait faire rentrer les deux dernières classes de [fictions légales dans la première. En vertu de la présomption *Nemo censetur*, *etc.*, une personne qui ne connaît pas la loi est *assimilée* à une personne qui la connaît ; la société ou la corporation, être de raison, est assimilée, sous certains rapports, à une personne physique; mieux vaut pourtant distinguer comme nous l'avons fait.

(2) Ajoutons que la plupart de nos anciens jurisconsultes, guides ordinaires des rédacteurs du Code civil, avaient déjà employé la même expression. Demolombe, *Traité des successions*, 4ᵉ édit., t. II, p. 457 et suiv.

(3) Fenimore Cooper s'en moque dans son roman politique des *Monikins.* Chez les Monikins, une fiction veut que le roi, qui n'existe pas, mais dont on parle sans cesse, soit représenté par un fauteuil. — Je n'ai pas à insister ici sur les heureux effets produits dans les gouvernements constitutionnels par la combinaison de l'irresponsabilité du chef de l'Etat et de la responsabilité ministérielle. — Les fictions légales sont parfois, d'ailleurs, fort bizarres. Quand un Mongol, rapporte Heeren dans ses *Idées sur le commerce et sur la politique des principaux peuples de l'antiquité*, en a tiré un autre par son toupet, il encourt un châtiment, non pour lui avoir fait du mal, mais parce que le toupet est censé appartenir au prince. Peut-être y a-t-il là quelque chose d'analogue au principe qui régissait à Rome l'injure faite à l'esclave. — En Angleterre, le *woolsack*, où siège le lord chancelier quand il préside la Chambre des pairs, est réputé en dehors de cette

donné assez d'exemples de cette première catégorie de fictions intellectuelles.

Le court aperçu qui précède suffit pour en montrer toute l'importance. Quant à la question d'origine immédiate, elle n'est pas, la plupart du temps, susceptible de soulever beaucoup de difficultés puisqu'il suffit de remonter à la loi qui a édicté l'assimilation ou la présomption, ou qui a donné naissance à une nouvelle personne morale. Ici, comme ailleurs, la coutume peut tenir lieu d'une disposition législative expresse.

En dehors des lois, il y a deux sortes d'actes dont le magistrat et le légiste ont à tenir compte, à savoir, les actes judiciaires et les actes extra-judiciaires. De là une division toute naturelle des fictions elles-mêmes, autres que les fictions légales, en judiciaires ou extra-judiciaires, suivant qu'elles se produisent ou non devant les tribunaux.

Fictions judiciaires. — Devant les tribunaux on peut avoir recours au procédé de la fiction pour deux motifs bien différents. Ou la procédure entière n'est qu'une feinte, et il n'y a au fond que l'apparence d'un litige ; ou on emploie ce détour pour arriver plus facilement à la solution d'une difficulté sérieuse. Examinons successivement ces deux hypothèses.

1° La fiction d'un procès, quand au fond les parties sont d'accord, rentre dans la catégorie de ce qu'on appelle souvent les *actes apparents*. Ainsi, chez les Romains, pour affranchir un esclave, on simulait une *liberalis causa*. Un *assertor libertatis* prétendait devant le magistrat que Stichus était libre ; le maître ne le contredisant point, Stichus se trouvait libre effectivement. L'*in jure cessio* nous fournit un exemple analogue d'un procès fictif appliqué à la transmission de la propriété et de ses démembrements. En réalité, le préteur comme les parties savaient parfaitement à quoi s'en tenir. — Chez nous, un procès simulé fournira à un débiteur un moyen facile de constituer une hypothèque judiciaire sur tous ses biens, ce qu'il ne pourrait faire par simple acte notarié (1).

Chambre ; le lord chancelier doit se lever et le quitter quand il veut s'adresser aux pairs.

(1) Il faut penser à ce que nous venons de dire pour nous expliquer la fin de l'art. 54 de notre Code de Procédure civile. — « Les conventions des parties insérées au procès verbal (de conciliation) auront force d'obligation privée. » —

L'emploi des *actes judiciaires apparents* s'explique facilement partout où la loi donne aux jugements une force plus grande, une sanction plus énergique qu'aux actes extra-judiciaires. Les parties, naturellement, désireront s'assurer le bénéfice de cette force et de cette sanction ; de là procès fictif. — De plus, dans certaines législations, il existe une grande économie de formes juridiques ; il en est ainsi notamment dans la législation romaine (1). Les lois sont rares ; il faut pour introduire une nouvelle disposition législative mettre en mouvement un organisme compliqué, convoquer le peuple tout entier. On préfère, autant qu'il est possible, se servir, pour les cas nouveaux, de formes anciennes, et nulle forme n'est plus flexible, ne se prête à un plus grand nombre d'emplois que la forme d'un jugement. Plus tard, peut-être, le fond finira par triompher de la forme ; les effets de l'*in jure cessio* ne seront plus exactement les mêmes que ceux de la chose jugée après un litige véritable, mais, à l'origine, ces effets ont été probablement identiques (2).

2° Supposons maintenant une contestation réelle. On désire arriver à lui donner une solution satisfaisante, et, cette solution, la loi ne fournit aucun moyen direct d'y arriver, ou bien les moyens qu'elle fournit ne paraissent pas suffisamment efficaces. Nous pouvons être sous l'empire d'une législation qui a créé, pour les différents cas de litige qu'elle a prévus, des cadres tout faits, sorte de lits de Procuste à la mesure desquels il faut que les prétentions des plaideurs s'adaptent exactement. La loi, par exemple, a donné au propriétaire *ex jure Quiritium* d'un fonds italique dépouillé par un usurpateur une action en revendication ; mais elle n'a pas parlé de celui qui l'a reçue par simple tradition et non par un mode solennel. Celui-ci restera-t-il sans ressource en cas de spoliation ? Ce serait inique.

Cette phrase ne veut pas dire que le procès verbal de conciliation ne soit pas un acte authentique ; c'est en effet un acte dressé par un officier public, dans l'exercice de ses fonctions et opérant dans les limites de sa compétence ; mais le législateur a craint que les parties ne s'entendissent pour constituer des hypothèques sans ministère de notaire en simulant des difficultés, puis en s'accordant devant le juge de paix après une citation en conciliation qui n'eût eu d'autre but que de faire constater par celui-ci leur accord.

(1) Voyez P. Gide, *Etudes sur la novation et le transport des créances en droit romain* (Paris, 1879, in-8), p. 243.

(2) On peut comparer à l'*in jure cessio* les *fines* et les *recoveries* du droit anglais.

Le préteur vient à son secours ; il ordonne au juge, dans la formule qu'il délivre, de supposer chez le demandeur la qualité de propriétaire, comme s'il avait accompli les délais nécessaires pour l'usucapion, et celui-ci peut obtenir justice. Le droit romain fourmille de pareils exemples, et les actions dites *fictices* constituent une classe des plus importantes parmi les actions *honoraires*.

Ainsi, dans certaines circonstances, on supposera à un pérégrin la qualité de citoyen romain ; un fils émancipé sera censé être resté dans la famille de son père, etc., de par l'autorité du préteur. Cela n'est-il pas étrange? Au premier abord rien ne semble plus contraire à l'idée que nous nous faisons du droit d'un peuple civilisé. La chose mérite donc d'être expliquée.

Le préteur, nous disent les textes romains, avait reçu la triple mission d'appliquer le droit civil, d'en combler les lacunes et même de le corriger, s'il en était besoin. Il est peu vraisemblable que jamais loi lui ait conféré tels pouvoirs (1). Chargé de distribuer la justice aux plaideurs, il dut s'apercevoir bien vite des défauts du droit civil. Aller directement à l'encontre de la loi était périlleux ; l'appliquer dans toute sa rigueur, regrettable. Le préteur la respecta en la tournant, comme un personnage de la comédie moderne. Soutenu par l'opinion, il étendit l'action à un cas très voisin de celui expressément prévu ; puis il s'enhardit. Ce qu'il avait fait d'abord comme en se cachant, il le fit au grand jour. Mais les formes antiques restèrent. Un éminent jurisconsulte de nos jours, M. Maynz, dit : « Des auteurs modernes, se trompant complètement sur la nature des fictions, ont reproché au préteur d'avoir usé de subterfuges et de contre-vérités pour introduire ses réformes. Rien n'est plus erroné. User d'une fiction, c'est simplement déclarer qu'une disposition légale, établie pour tel cas déterminé, doit être désormais également appliquée à telle autre hypothèse non prévue par le législateur, mais analogue à celle dont elle s'occupe. Ainsi la formule Publicienne ne dissimule aucunement que le demandeur n'est pas *dominus ex*

____

(1) L. 7, § 1, D., *De just. et jure*, I, 1. Cf. Accarias, *Précis de droit romain*, 2ᵉ éd. t. I, p. 39.

jure Quiritium de la chose qu'il revendique; mais tout en reconnaissant que cette qualité lui fait défaut, elle déclare qu'il mérite, dans les circonstances de l'espèce, d'être protégé comme si la chose était sienne *ex jure Quiritium*. L'on ne saurait être plus franc (1). » — Ces affirmations nous paraissent bien absolues. Dans le droit romain classique, les fictions sont acceptées sans difficulté; à l'origine elles n'ont dû être hasardées qu'avec une certaine timidité, dans des cas particuliers, pour des situations spécialement dignes d'intérêt (2).

Les jurisconsultes romains firent admettre par les tribunaux que celui qui ne laisserait pas à une certaine catégorie d'héritiers une part suffisante de sa succession serait considéré comme ayant fait son testament en état d'insanité (3). Cette théorie n'a pas dû s'introduire tout à coup. C'est dans les cas où l'iniquité était le plus flagrante, où la teneur du testament pouvait faire croire en effet que le testateur n'avait pas joui de sa liberté pleine et entière, qu'elle dut être appliquée tout d'abord. Petit à petit, on généralisa cette décision; en même temps on s'écarta des conséquences logiques qu'aurait entraînées le fait supposé, s'il eût été vrai; le testament fut maintenu dans quelques-unes de ses parties, tandis qu'il eût dû tomber pour le tout si la folie du disposant eût été réelle. La vérité prenait la place de la fiction.

De nos jours la fiction joue encore, dans la jurisprudence anglaise, un rôle des plus importants. On connaît l'analogie qui existe entre les *writs* du droit anglais et les formes de la procédure romaine. Le *writ*, « semblable à un passeport, dit un auteur du dix-huitième siècle, sert à introduire les prétendants

(1) *Cours de droit romain*, 4ᵉ édit., t. I, p. 228.

(2) A l'époque classique les *fictitiæ formulæ* les plus importantes étaient annoncées et promises d'avance dans l'édit; mais on est d'accord pour reconnaître qu'en dehors de ces cas expressément prévus, le préteur, dans des circonstances particulières, avait recours à de semblables fictions. Voyez, Keller, *De la procédure civile et des actions chez les Romains*, trad. Ch. Capmas (Paris, 1870, in-8), § 31.

(3) Au moyen âge, des tribunaux ecclésiastiques annulèrent les testaments de personnes qui n'avaient fait aucun legs pieux. Celui qui faisait un tel testament était réputé *déconfès*. Montesquieu, *Esprit des lois*, liv. XXVIII, ch. XLI. — On m'a affirmé que dans le Périgord c'est encore aujourd'hui un préjugé parmi les paysans qu'un testament qui ne contient pas de legs particuliers est nul. L'origine de ce préjugé ne se trouverait-elle pas dans la jurisprudence mentionnée par Montesquieu?

au temple de la Justice (1). » Pour étendre les *writs* primitifs à des cas nouveaux, on a imaginé de nombreuses fictions.

Les fictions ont servi notamment à modifier complètement l'ordre des juridictions. — Citons quelques exemples. Lors du démembrement de l'ancienne *Aula Regis*, la Cour du Banc du Roi n'avait retenu qu'une juridiction criminelle, les actions civiles étant devenues le domaine de celle des Plaids communs. Par exception, elle avait conservé la connaissance des actions civiles en réparation du dommage causé par un crime ou un délit, et des affaires concernant les personnes qui se trouvaient dans les prisons de la couronne. On supposa alors, dans les actions soit réelles soit personnelles, que le défendeur était dans lesdites prisons et qu'il avait commis un délit, bien qu'on sût parfaitement qu'il n'en était rien (2). — La Cour de l'Echiquier, d'autre part, éluda d'une manière analogue la prohibition qui lui avait été faite de juger les affaires de la compétence de la Cour des Plaids communs. Comme sa juridiction s'étendait aux affaires intéressant la couronne, pour porter devant elle une affaire civile ordinaire, on prit l'habitude de supposer que le demandeur était un débiteur du roi, et d'alléguer qu'ayant reçu du défendeur un dommage, il était devenu moins apte à s'acquitter envers le roi. De là intérêt de la couronne au succès de l'action et compétence de la Cour de l'Echiquier (3).

Nous pouvons rappeler encore, la supposition de l'invention dans l'action *of trover*, et, avant tout, le prétendu bail à ferme consenti à John Doe et la prétendue expulsion de ce dernier par Richard Roe (*action of ejectment*), John Doe et Richard Roe n'ayant aucune existence réelle (4).

---

(1) De Lolme, *Constitution de l'Angleterre* (nouv. éd. Paris, s. d., 2 vol. in-8), t. I, p. 174.

(2) Ch. de Franqueville, *Institutions politiques, judiciaires et administratives de l'Angleterre* (Paris, 1863, in-8), p. 243.

(3) Ch de Franqueville, *op. cit.*, p. 246. L'action s'introduit par un *writ* dit de *quo minus*. Le défendeur est censé avoir causé un dommage au demandeur *quo minus sufficiens existit*.

(4) Voyez, pour ces fictions et pour beaucoup d'autres, Keller, *op. cit.*, note 338. — De Lolme, *op. cit.*, t. I, p. 188 et suiv. — J. Rey, *Institutions judiciaires de l'Angleterre* (Paris, 1828, 2 vol. in-8), t. II, p. 77 et 78, 85, 220 et suiv., 275, note 2, etc. La fiction suivante rappelle d'une manière frappante le droit romain à ses débuts : « La procédure de chancellerie, dit J. Rey, n'admet le fiction que dans un seul cas, celui où il s'agit de renvoyer un point de fait à un jury. Alors

C'est aussi dans la même catégorie de fictions qu'on peut ranger la supposition adoptée par le Parlement anglais, en 1788, d'une abdication de Jacques II, et cette autre supposition que Georges III, devenu fou, avait sanctionné le bill constituant la régence.

Le caractère de la fiction légale est d'abord qu'elle est édictée par le pouvoir souverain dans son ensemble ; elle n'est pas faite pour éluder plus ou moins ouvertement la loi ; elle-même est la loi. De plus, elle est édictée une fois pour toutes. Enfin, dans certains cas exceptionnels, quand il s'agit de présomptions dites *juris tantum*, elle peut admettre la preuve contraire, comme nous l'avons constaté plus haut.

La fiction que j'ai appelée judiciaire n'est admise que pour étendre ou tourner une loi ; elle est créée ou acceptée par un tribunal ou par un corps qui, bien qu'exerçant une certaine autorité, n'a pas régulièrement, dans le cas donné, le pouvoir législatif. Elle peut être passée dans l'usage ; le bénéfice peut en être toujours accordé dans les mêmes circonstances ; néanmoins, elle doit toujours être reproduite chaque fois qu'une nouvelle affaire se présente (1). Enfin, elle ne souffre pas la preuve contraire. Nul ne sera admis à prouver que jamais bail n'a été consenti à John Doe. L'essence même de cette fiction est de violer impunément la vérité (2).

C'est à cette dernière sorte de suppositions qu'on réserve souvent le nom de fictions : ce sont les fictions par excellence.

Voyons maintenant quelle en a pu être l'origine.

Ce sont certainement les plus singulières. Cicéron les ridicu-

on suppose que les parties ont fait un pari d'une certaine somme, et qu'elles s'en remettent à cet égard à la décision d'un jury. On veut justifier cette bizarrerie en disant que les jurés ne peuvent intervenir dans tout ce qui est matière d'équité, et que cette fiction leur donne une compétence qu'ils n'auraient point sans cela. » *Op. cit.*, t. II, p. 312.

D'après les exemples donnés dans le texte, on voit que bien des fictions anglaises reposent sur la supposition de faits sans importance au fond et ne se rattachant même pas directement à la question débattue. — Beaucoup d'entre elles ont d'ailleurs disparu dans ces derniers temps. Les Cours supérieures ont été fondues en une seule.

(1) Quand cette répétition n'a plus lieu, c'est que la coutume faisant loi (*mos antiquus facit jus*) a fait passer la fiction dans la classe des fictions légales. Les *bonorum possessiones* subsistèrent après qu'on eut cessé de se servir des *formulæ ficticiæ*.

(2) R. von Jhering, *op. cit.*, t. I, p. 56. — Ch. de Franqueville, *op. cit.*, p. 237.

lise dans maint passage. Certains écrivains modernes ne croient pas pouvoir trouver de termes assez forts pour flétrir les subtilités du droit anglais. Mais quand on songe que c'est en grande partie à l'aide de ce procédé que le préteur a fait parvenir le droit barbare des Douze Tables à cet état de perfection qui lui a valu le nom de raison écrite, quand, d'autre part, on pense que la nation moderne qui l'a conservé le plus longtemps dans sa procédure compte parmi les plus prospères et les plus éclairées, en présence des analogies nombreuses et faciles à constater entre le droit romain et le droit anglais, analogies d'autant plus remarquables que ces deux droits ne dérivent pas l'un de l'autre, on est porté à croire que l'existence des fictions ne peut être l'effet d'un accident. Ce doit être autre chose qu'une simple curiosité juridique. M. R. von Jhering y voit une des phases du développement des législations. Dans la chronologie du droit, dit-il, « la voie directe a été trouvée avant la voie indirecte (1). » Et ailleurs : « Lorsque la science a dépassé la période d'enfance, lorsque les siècles ont mûri la pensée humaine, l'ont affermie et lui ont communiqué cette puissance d'abstraction qui est nécessaire pour réformer les bases théoriques d'une doctrine, alors encore, comme moyen de transition pour se rendre maître d'une idée complètement neuve, les fictions peuvent avoir une certaine légitimité. Au désordre sans fiction est mille fois préférable l'ordre avec fiction. D'autre part, toute fiction, à cause de son imperfection même, avertit la science d'avoir à rechercher le plus rapidement possible un moyen plus parfait. Mais mettre la jurisprudence en demeure de répudier les fictions avant qu'elle ait réussi à trouver la solution véritable qu'elle recherche, autant vaudrait forcer celui qui porte des béquilles à les abandonner avant de savoir marcher sans leur aide (2). » Je crois que cette théorie doit être considérée comme

(1) *Op. cit.*, t. I, p. 79.

(2) *Op. cit.*, t. IV, p. 295 et 296 : « Les fictions, dit sir Henry Maine, satisfont le désir d'améliorer, qui ne manque pas tout à fait, et n'offensent pas la répugnance superstitieuse pour le changement qui subsiste encore. » (*L'Ancien droit*, trad. Courcelle-Seneuil, p. 26.) Le savant auteur reconnaît les fictions légales, les considérations d'équité et la législation comme les trois moyens par lesquels le droit se met en harmonie avec les besoins sociaux ; il prend, notons-le bien, l'expression de *fictions légales* dans un sens large et entend par là « toute affirmation qui cache ou affecte de cacher l'altération survenue dans une règle de droit

exacte, avec certaines restrictions. Réfutons d'abord une objection qu'on lui pourrait opposer. Pourquoi, dira-t-on, à peu près seule parmi les législations modernes de l'Occident, la législation anglaise a-t-elle conservé jusqu'à ce jour l'usage des fictions proprement dites, des fictions judiciaires? Pourquoi dans les autres pays en trouvons-nous si peu? N'en faut-il pas conclure qu'elles ne constituent qu'une exception, une pure anomalie? Les motifs de cette singularité apparente sont aisés à saisir. Le droit des peuples occidentaux en général dérive du droit romain, et du droit romain tel qu'il était à une époque où il s'était débarrassé de son arsenal de fictions. Seuls, les Anglais se sont préservés, en haine surtout des maximes despotiques du droit de la Rome impériale, de l'influence romaine. Leur législation a donc dû passer par les mêmes étapes que le droit romain avait déjà franchies et qu'ont laissées derrière elles les législations modernes qui avaient un autre point de départ. Ainsi, se trouve confirmée cette idée qu'il y a, dans l'évolution du droit une période où presque fatalement la fiction apparaît.

Une telle proposition serait pourtant trop absolue, et j'arrive aux restrictions annoncées. Pour que les fictions judiciaires arrivent à constituer une partie importante d'un droit, il faut que ce droit soit formaliste, qu'il tienne à certaines solennités, à certaines formules rigoureuses. Si le juge n'est en aucun cas astreint à se servir de pareilles formules, s'il lui est laissé une latitude assez grande pour que sans détour il puisse régler les difficultés imprévues, la fiction n'aura plus de raison d'être. M. R. von Jhering comparait tout à l'heure les fictions à des béquilles ; on peut trouver une comparaison encore plus exacte peut-être. Quand l'enfant est sorti de son étroit maillot, c'est avec des lisières qu'on soutient ses premiers pas : ce n'est qu'après un temps assez long qu'il sait marcher seul. L'âge des fictions est pour les législations celui des lisières. Si l'enfant dès sa naissance, comme le petit poulet au sortir de l'œuf, avait pu courir sans aide, on ne lui eût jamais mis de lisières ; elles n'eussent été pour lui qu'un embarras. La formule romaine, le *writ* anglais, ces for-

---

dont l'application change tandis que le texte subsiste. » — Voyez la manière ingénieuse dont il rattache l'autorité des *responsa prudentum* aux fictions (*ibid.*, p. 35).

(1) De Lolme, *op. cit.*, t. I, p. 152 et suiv.

mes antiques conservées avec une vénération presque superstitieuse par des peuples qui ont un culte pour le *mos majorum* (1), ont été la cause de la création des fictions. D'où cette conséquence : toutes les fois qu'une législation établira pour certains actes des formes consacrées, la fiction viendra bientôt après elles. Notre droit même en fournit la preuve. Il arrive tous les ans qu'en février ou en mars le ministère accorde à une administration, une bibliothèque par exemple, un crédit pour certaines acquisitions à faire, crédit pris sur l'exercice de l'année précédente. Quand le bibliothécaire a fait les acquisitions indiquées et qu'il s'agit de faire payer le libraire, les trésoreries générales, certaines d'entre elles au moins, à ma connaissance, veulent que la livraison soit indiquée comme ayant été faite l'année précédente. D'où il suit que des livres sont portés comme ayant été fournis en 1881, bien qu'il soit parfaitement su de tous que l'acquisition n'en a été autorisée qu'en 1882 et que le bordereau qui accompagne les mémoires mentionne que c'est un arrêté de cette même année 1882 qui a ouvert le crédit. C'est là un spécimen de ce que je pourrais appeler la *fiction administrative*, et ce qui n'est en somme qu'une sorte de fiction judiciaire née, j'imagine, de la pratique de la Cour des comptes.

Fiction extrajudiciaire. — En dehors de l'intervention de la justice, les parties, en paraissant faire un acte, peuvent en faire un tout différent. Dans certaines hypothèses, il y aura un *acte apparent*, analogue à ceux dont nous avons parlé dans la période précédente ; dans d'autres une *simulation*.

De *l'acte apparent*, je n'ai rien à dire de spécial ; le public, le juge lui-même, s'il est appelé à se prononcer sur sa nature, savent parfaitement ce qui en est, comme les parties elles-mêmes. Personne n'est trompé. La mancipation était l'image d'une vente, mais tout le monde savait que c'était un acte tout différent de la vente qui s'accomplissait en réalité, qu'on voulait arriver à une translation de propriété, celle-ci fût-elle à titre gratuit. L'acte se passait en dehors de la présence du magistrat, tandis que dans l'*in jure cessio* celui-ci était présent : voilà toute la différence.

____

(1) Chez les Romains, un même mot, *antiquior*, voulait dire *plus ancien* et *préférable*. Les Anglais parlent volontiers de la *Vieille Angleterre*. Chez nous, on parle plus souvent de la *Jeune France*.

Quant à la *simulation*, elle est destinée à rester secrète. Les parties sont d'accord sur le véritable caractère de l'acte ; il n'y a pas dol de l'une à l'égard de l'autre ; mais, pour un motif ou pour un autre, elles désirent que les tiers ignorent ce caractère. La simulation se présente sous deux formes principales :

1° Les contractants apparents sont bien ceux entre lesquels l'acte est passé réellement, seulement la nature de celui-ci est dissimulée ; il est annoncé comme vente et, en réalité, c'est une donation ; il est convenu que le prétendu acheteur ne paiera pas le prix ;

2° Ou bien la nature de l'acte est connue ; mais celui qui doit en bénéficier n'est pas la personne annoncée : celle-ci n'est qu'une personne interposée.

Le plus souvent la simulation a un but frauduleux ; elle peut entraîner la nullité de l'acte qui la contient. D'autres fois, pourtant, elle n'a pas ce caractère. L'influence de la simulation sur la validité des actes exigerait une longue étude dont je ne puis même pas ici esquisser les principaux traits. Je remarque seulement en passant que le champ de la simulation est des plus vastes. Le mendiant qui tient dans la main un paquet de crayons qu'il fait semblant de vendre cherche par une simulation à éluder une disposition réglementaire prohibitive. Plus l'esprit général d'un peuple sera formaliste, plus de telles feintes seront fréquentes. « Je me rappelle, dit J. Rey, un trait fort plaisant et dont l'objet est d'éluder une loi (anglaise) qui défend de vendre des imprimés dans les rues. Des écrits de ce genre sont criés publiquement au vu et su de tout le monde ; on s'approche d'un de ces crieurs, on lui demande le prix : il répond en conséquence, reçoit la somme, livre le papier ; mais en même temps il donne à l'acheteur un brin de paille que l'on est seul censé acheter, le papier n'étant point censé acheté mais donné gratis (1) ». Dans ce dernier cas, on pourrait dire, à la rigueur, qu'il y a plutôt *acte apparent* que simulation ; car le public n'est pas trompé et si l'autorité semble l'être, c'est qu'elle ferme les yeux ; — mais ceci nous conduit à une nouvelle remarque. L'acte apparent a eu, la plupart du temps, pour origine une simulation (2). Celui qui le premier a vendu des imprimés

(1) *Op. cit.*, t. I, p. 142.

(2) Voyez, pour le droit romain, R. von Jhering, *op. cit.*, t. IV, p. 271 et suiv.

dans les rues en faisant semblant de vendre quelque autre objet
cachait, sans doute, ses imprimés et faisait étalage de sa prétendue marchandise toutes les fois qu'il apercevait quelqu'un
qui lui paraissait avoir un caractère tant soit peu officiel. Puis,
petit à petit, la hardiesse est venue à ses imitateurs ; ils ont
conservé la forme ancienne destinée à éluder la loi ; ils ne se
sont plus donné la peine de cacher le résultat qu'ils désiraient
obtenir (1).

(1) Voici, présentées dans un tableau synoptique, les différentes classes de fictions que nous avons reconnues, avec leurs subdivisions :

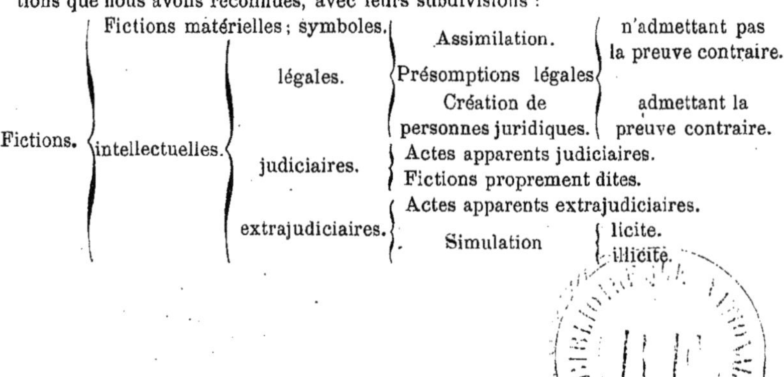

www.ingramcontent.com/pod-product-compliance
Ingram Content Group UK Ltd.
Pitfield, Milton Keynes, MK11 3LW, UK
UKHW020114100726
13658UKWH00005B/2155